AF306462

DIE SIX-SIGMA-METHODE

Streben nach Perfektion

Verfasst von Anis Ben Alaya
In Zusammenarbeit mit Amicie de Quatrebarbes
Übersetzt von Mareike Lobeck

Business 50MINUTEN.de

DIE SIX-SIGMA-METHODE

SCHLÜSSELINFORMATIONEN

- **Bezeichnungen:** Six Sigma, 6 σ
- **Anwendungsbereiche:** qualitativer, quantitativer und strukturierter Ansatz in der Unternehmensführung
- **Warum ist es so gut?** Äußerst genauer Ansatz, durch den die Schlüsselprozesse eines Unternehmens verbessert werden können. Mit einer Wahrscheinlichkeit von 99,99 % weist ein geplantes Ziel im Durchschnitt 3,4 Fehler pro Million Fehlermöglichkeiten auf (da, wo 3,8 Sigma beispielsweise 10.000 Fehlern pro Million entsprechen).
- **Schlüsselwörter:**
  - Kunden: Gesamtheit aller Akteure, die an einem Produkt oder einer Dienstleistung interessiert sind
  - Fehler: materielle Imperfektion
  - DMAIC: Management-Methode zur Verbesserung eines Produkts oder einer Dienstleistung

- Standardabweichung: Abweichung einer Variablen von einer Grenze (Mittelwert)
- Projektmanagement: Vorgehensweise in einem Unternehmen zur Durchführung eines Projekts in verschiedenen Schritten
- Information: Angaben, die den Überblick über eine bestimmte Situation ermöglichen, ohne dabei Details auszulassen
- Strategieziel: angestrebtes Gleichgewicht und dazu benötigte Maßnahmen, um von einer günstigen Marktposition zu profitieren
- Statistische Methode: Analysemethode für einen Datenbestand, ermöglicht einen empirischen Ansatz
- Leistung: Ergebnis in Zahlen
- Prozess: verschiedene Schritte einer Produktion
- Qualität: Eigenschaften eines Produkts
- Sigma (σ): griechischer Buchstabe, der in der Statistik die Standardabweichung darstellt

EINLEITUNG

Erfüllt ein Produktangebot nicht mehr oder nicht in ausreichendem Maße die Kunden- und Unternehmensbedürfnisse, sollte das

Unternehmen seinen (Herstellungs- etc.) Workflow überdenken, um diesen danach konkret zu verbessern. Zunächst wird mit der Six-Sigma-Methode gründlich analysiert, welche Fehler gleichzeitig die Zufriedenheit der Kunden, Angestellten und des Unternehmens verringern. Danach können neue Ziele bestimmt und die Wahrscheinlichkeit von Abweichungen innerhalb des (Herstellungs- etc.) Prozesses gesenkt werden.

Hintergrund

In den Achtzigerjahren sah sich das amerikanische Unternehmen *Motorola* stark von asiatischen Produzenten unter Druck gesetzt, da sich sein Produktionssystem grundlegend von den asiatischen Systemen unterschied und den Marktgegebenheiten nicht mehr entsprach. Schon in den Siebzigern hatten japanische Fabriken mehr auf Langlebigkeit und Zuverlässigkeit gesetzt und daher einfachere Modelle als die amerikanischen Hersteller angeboten, die den Fokus auf Hochwertigkeit legten (Modelldesign, verfügbare Optionen etc.). Um eine solche Qualität zu gewährleisten, waren sie folglich auf zusätzliche, kostspielige Kontrollen angewiesen.

Vor dem Hintergrund sinkender Gewinne entschieden sich die Manager von *Motorola* für eine Anpassung der Philosophie und eine Verknüpfung von statistischen Methoden und Führungsprinzipien, um so die Basis für ein umfassendes Managementsystem zu bilden: Six Sigma. Die Ergebnisse ließen nicht lange auf sich warten; die Produktqualität verbesserte sich sofort. Der Ansatz verbreitete sich in den Neunzigerjahren und wurde unter anderem von *General Electric* angewandt, die schnell von den positiven Auswirkungen der Managementmethode profitierten.

Heute verwendet ein Großteil der großen Unternehmen dieses System: *Caterpillar*, *Kodak*, *BMW* etc. Die Six-Sigma-Methode wurde so zu einem Qualitätsmaßstab für Geschäftspraktiken und wird in Wirtschaftshochschulen auf der ganzen Welt gelehrt.

Hier ein paar Beispiele für den Nutzen von Six Sigma:

- *Motorola* kapitalisierte zwischen 1986 und 1990 2,2 Milliarden Dollar.
- *General Electric* konnte 1995 dank dieser Methode einen Ertrag zwischen 7 und 10 Milliarden Dollar verzeichnen.
- Die *Bank of America* hat hunderte Millionen Dollar gespart, ihre Bearbeitungszeit halbiert und ihre Fehlerquote stark gesenkt – und das nur drei Jahre nach Einführung der Methode im Jahr 2001.

Definition

Six Sigma ist ein analytischer Ansatz, der auf statistisch belegten Fakten beruht. Es dient der Verbesserung der Funktionsweise eines Unternehmens (Kostensenkung in Herstellung, Verwaltung etc.) sowie der Qualitätssicherung (Zuverlässigkeit von 99,99 %) von Produkten und Dienstleistungen für den Kunden. Six Sigma wurde nach der statistischen Methode der Standardabweichung benannt, die mit dem griechischen Buchstaben σ bezeichnet wird. Diese wird in der Six-Sigma-Methode zur Prozessanalyse verwendet, um ein Produkt in einem bestimmten „Qualitätsintervall" zu liefern: Das Produkt soll nicht um mehr als 3 σ von dem Mittelwert abweichen, den Kunden und Unternehmen erwarten. So können Abweichungen und Fehler im Prozess begrenzt werden.

DIE SIX-SIGMA-METHODE IN DER THEORIE

Unternehmen, die diese Methode im Qualitätsmanagement verwenden, um ihre Produkte zu verbessern, konzentrieren sich auf drei Bereiche: Kunden, Angestellte und Prozesse. Eine Priorisierung der Kunden bedeutet, diese zu identifizieren, ihre Erwartungen zu kennen und den Mehrwert, den das Unternehmen ihnen bieten kann, zu erkennen. Das liegt zwar auf der Hand, doch trotzdem scheinen viele Unternehmen zu vergessen, dass ihr Gewinn von der Zufriedenheit ihrer Kunden abhängt. Auch auf die anderen beiden Bereiche sollte sich ein Unternehmen konzentrieren, da ihre Vernachlässigung indirekt zu Kundenunzufriedenheit führen kann. Die drei Bereiche sind also miteinander verbunden.

Die wichtigsten Bereiche

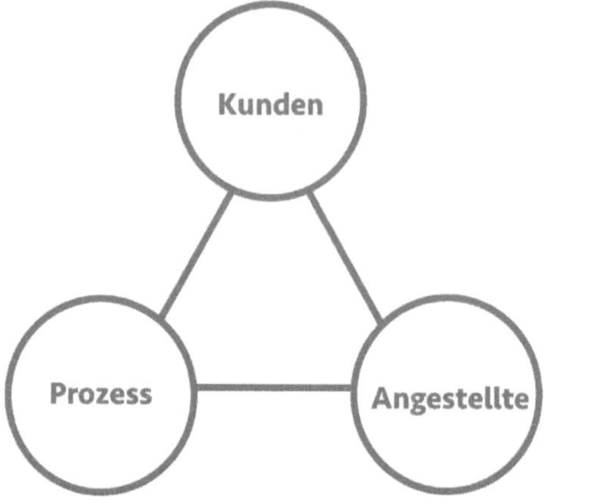

Die Six-Sigma-Methode bietet zwei Vorgehensweisen. Welche davon angewandt wird, hängt von dem Rahmen ab, in dem das Unternehmen seine Produktion entwickeln möchte: Ausweitung oder Neuentwicklung eines Produkts.

DMAIC

Die DMAIC-Methode wird angewandt, wenn Six Sigma für die Verbesserung der Ergebnisse von bereits bestehenden Produkten oder Dienstleistungen eingesetzt wird.

- *Define*: Definition der Kunden, Erwartungen, Projektcharta (die die organisatorischen Ziele der Projektentwicklungsphase darstellt), der allgemeinen Prozesse und der Finanzergebnisse
- *Measure*: Messung und Erhebung der Daten (Fehler) des betrachteten Prozesses
- *Analyze*: Analyse der gesammelten Daten und des Prozesses, um Probleme zu identifizieren, die mit der aktuellen Situation zusammenhängen
- *Improve*: Erarbeitung und Festlegung potenzieller Lösungen, anschließende Anwendung in kleinem Umfang, um zu überprüfen, ob sich die Leistung des Prozesses tatsächlich verbessert
- *Control*: Kontrolle, Ausarbeitung und Umsetzung eines Plans, um zu überprüfen, ob die Verbesserung auch in großem Umfang funktioniert.

DMADC

Während die DMAIC-Methode für die Verbesserung von bereits existierenden Produkten oder Dienstleistungen verwendet wird, dient „DMADC" (*Define, Measure, Analyze,*

Design und *Control*) der Entwicklung und dem Design neuer Produkte oder Dienstleistungen.

Der Design-Schritt der DMADC-Methode beinhaltet die Realisierung des Produkts bzw. die Umsetzung einer Dienstleistung. Das Team überzeugt sich von der Konformität des Produkts.

WAS IST SIX SIGMA?

Auf technischer Ebene beruht Six Sigma auf dem Prinzip der Abweichung, nach dem alles anhand einer kontinuierlichen Skala statistisch Messbare (Gewicht, Höhe, Rate etc.) in einer Glockenkurve (Gauss-Kurve) dargestellt werden kann. Diese Kurve ist symmetrisch und bildet praktisch 100 % des Gemessenen ab. Sie kann in verschiedene Teile unterteilt werden: Die Standardabweichungen, die mit dem griechischen Buchstaben σ (Sigma) bezeichnet werden, bestimmen die Abweichung, während die Vertikalachse mit dem Buchstaben μ (My) den Mittelwert darstellt, von dem der gesamte Prozess abhängt. Je niedriger die Abweichung, desto näher liegt die Produktion an den Werten des anvisierten Ziels.

Unterteilte Glockenkurve

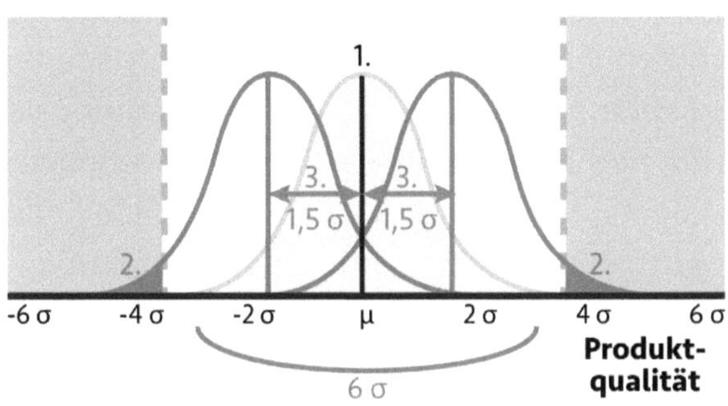

1. Quasi-Perfektion, Mittelwert,
   angestrebtes Ziel
2. für den Kunden akzeptable Fehler
3. hingenommenes Qualitätsintervall

Six-Sigma-Methode zur Vereinheitlichung der Qualität (Ziel = Mittelwert μ), indem die Varianz im Produktionsprozess verringert wird (ausgedrückt durch Sigma σ)

Bei der Anwendung der Six-Sigma-Methode wird die momentane Leistung gemessen. Dazu wird der Sigma-Wert bestimmt, der den tatsächlichen Mittelwert vom Mittelwert μ trennt. Der μ-Wert stellt wiederum die Perfektion des Produkts oder der Dienstleistung dar, was indirekt mit der durchschnittlichen Zufriedenheit der Kunden zusammenhängt. Wird die Kundenunzufriedenheit als Fehler angesehen – also als Entfernung vom optimalen Zufriedenheitsniveau –, so bedeutet Six Sigma, dass es nur 3,4 Fehler auf jede Million Möglichkeiten gibt. Um Quasi-Perfektion zu erreichen (Hochpunkt der Kurve in μ), fördert das Unternehmen also die Qualität, die zu Kundenzufriedenheit führt. Statistisch kann die Abweichung nicht negativ sein. Negative und positive Sigma-Werte geben lediglich an, wie groß der Abstand zwischen dem Produkt und der maximalen Durchschnittsqualität ist, die die Kunden zufrieden stellt.

Mit der Six-Sigma-Methode kann also (mithilfe von gutem Prozessmanagement) ermittelt werden, wie weit das Unternehmen vom höchsten Leistungsniveau entfernt ist.

Six Sigma sollte jedoch nicht als technisches Mittel angesehen werden. Vielmehr können Unternehmen Six Sigma anwenden, um zu erkennen, was noch getan werden muss, um Quasi-Perfektion und eine kontinuierliche Leistungssteigerung zu erreichen.

Natürlich kann es auch sein, dass sich ein Unternehmen zu Beginn der Sigma-Berechnungen entmutigt fühlt, vor allem, wenn dabei auffällt, dass viele Leistungen in einem weit vom Optimum entfernten Bereich liegen (bei einem absoluten Zahlenwert von 1 oder 2 σ). Zur Philosophie der Methode gehört jedoch, niemals mit den erreichten Ergebnissen zufrieden zu sein. Tatsächlich mobilisiert sie alle Beteiligten, Abweichungen beständig zu reduzieren.

DIE PROJEKTBETEILIGTEN

Zusätzlich zu den oben erwähnten Vorgehensweisen sollte nicht außer Acht gelassen werden, welchen Beitrag andere Methoden bei den verschiedenen Schritten der Six-Sigma-Umsetzung leisten können (Brainstorming, Diagramme etc.), indem sie den Prozess kontinuierlich verbessern. So beteiligen sich beispielsweise verschiedenste Mitarbeiter an Diskussionen und arbeiten im Vorfeld an der Erstellung der Methode.

Vor allem die **Unternehmensführung** sollte sich von Anfang an bei der Einführung der Six-Sigma-Philosophie und ihrer Verbreitung im ganzen Unternehmen einbringen. Das Team, das für die Umsetzung des Verbesserungsprozesses zuständig ist, wird nur mit voller Unterstützung der Unternehmensführung erfolgreich sein. Die Angestellten, die in Six-Sigma-Projekten arbeiten, gehören in der Regel zu den kompetentesten des Unternehmens. Die Hierarchie setzt sich wie folgt zusammen:

- Die **Champions** sichern den Erfolg des Projekts. Sie unterstützen die *Black Belts* bei der Auswahl der Verbesserungsprojekte, der Abschätzung deren Potenzials und der Bewertung der Produkte im Vergleich zur Konkurrenz. Die Aufgabe der *Champions* ist, die Kontrolle, Unterstützung und Finanzierung der Six-Sigma-Projekte sicherzustellen und das dafür notwendige Personal zu verwalten. Die *Champions* sind die Stützen des Projekts und werden daher aus den besten Angestellten ausgewählt.
- Die **Black Belts** tragen die Verantwortung für das Projekt und nur sie arbeiten in Vollzeit daran. Nicht selten absolvieren sie im Vorfeld eine Fortbildung, um ihre Mission bestmöglich zu erfüllen und die fünf Phasen des DMAIC,

durch die Qualität auf Six-Sigma-Niveau erreicht wird, direkt anwenden zu können.

- Die **Green Belts** unterstützen die *Black Belts* bei der erfolgreichen Umsetzung des Projekts. Auch sie absolvieren eine Fortbildung, damit das Team die gleiche Sprache spricht und auf dasselbe Ziel hinarbeitet.

Six Sigma ist die erste Managementmethode, die sowohl die Spitze als auch die Basis der Pyramide miteinbezieht. Diese Vorgehensweise führt zu einer gewissen Dynamik im Unternehmen.

DIE SIX-SIGMA-METHODE: SCHWÄCHEN UND ERGÄNZUNGEN

SCHWÄCHEN UND KRITIK

Six Sigma wird dank der Leistungserfolge von zahlreichen Unternehmen, die die Methode angewendet haben, häufig als revolutionäres und höchst wirksames Management-Tool angesehen. Trotzdem hat auch diese Methode, genau wie alle anderen, ihre Schwächen, die sowohl Methodik als auch Terminologie betreffen. Außerdem gibt es – wie bei zahlreichen anderen Wirtschaftskonzepten – einen Unterschied zwischen Theorie und Praxis. Der amerikanische Ökonom Georges Eckes, ein Six-Sigma-Experte, hebt die häufig bei der Umsetzung erlebten Misserfolge hervor und gibt einige Tipps:

- **Bedenken Sie, dass eine Verbesserung der Produktqualität nicht nur durch die Perfektionierung der Statistiken erreicht wird**. Genauigkeit und Disziplin sind zwar nicht zu vernachlässigende Pluspunkte, sie decken jedoch nicht alles ab, was für ein gelungenes Management und zur Verbesserung eines Prozesses notwendig ist. Die Six-Sigma-Methode kombiniert eine Reihe von sich ergänzenden Bereichen und vernachlässigt vor allem nicht den Menschen, der sowohl Akteur (Angestellter im Unternehmen) als auch Ziel (der zufriedenzustellende Kunde) ist. Dieser Aspekt wird bei der Umsetzung im Unternehmen oft vergessen.

- **Beachten Sie, dass Kostensenkung nur ein Schritt im Verbesserungsprozess ist**. Six Sigma besteht nicht in einer Kostensenkung aus strategischen Beweggründen. Im Gegenteil: Die Methode spricht sich für Effizienz aus, indem Unternehmensziele auf die Erwartungen der Kunden abgestimmt werden, anstatt auf einen zahlenbasierten Ansatz, der nur die bekannten Kosten berechnet und Auswirkungen auf die Kunden außer Acht lässt.

- **Achten Sie darauf, dass Verbesserung in die Stellenbeschreibungen integriert wird**. Es ist nicht immer einfach, die Prozesse eines Unternehmens für die Umsetzung der Six-Sigma-Methode zu reformieren. Als Mitarbeiter hat man oft den Eindruck, nicht genügend Zeit für eine solche Hinterfragung zu haben, und findet, dass man dem Unternehmen sowieso schon genügend Zeit schenkt. „Zu viel" für das Unternehmen zu arbeiten resultiert allerdings meist aus Ineffizienz. Dies liegt nicht unbedingt am Arbeitnehmer selbst, sondern an den Prozessen.
- **Vergessen Sie nicht, dass Gruppendynamik der häufigste Grund für den Misserfolg eines Projekts ist**. Die Dynamik eines Teams zu lenken scheint erstmal einfach. Trotzdem ist Gruppendynamik die Hauptursache für Misserfolg. Es ist also wichtig, eine solide Basis zu schaffen. Dazu muss der Projektleiter die näheren Umstände des Projekts genau erklären. Der Besprechungsrahmen, die Erstellung der Tagesordnung und die eindeutige Festlegung der Aufgaben und Verantwortlichkeiten für jeden Beteiligten bilden einen Grundstein und verhindern, dass das Projekt schon auf wackligen Beinen startet.

- **Bedenken Sie, dass nicht alle Anstrengungen in der Verantwortung der *Black Belts* liegen**. Die *Black Belts* wurden ernannt, um die Teamleitung zu übernehmen. Wie bereits beschrieben, handelt es sich häufig um Angestellte, die für die Verwendung der Verbesserungs-Tools und -Techniken ausgebildet wurden – in gewisser Weise die operativen Leiter des Unternehmens. Die Gefahr besteht darin, dass alle (vor allem die Geschäftsführung) die Verantwortlichkeit für das Projekt von sich schieben, da sie die Einführung von Six Sigma im Aufgabenbereich der internen Experten sehen. Das gute Funktionieren eines Unternehmens entsteht jedoch durch Teamwork, davon sind dementsprechend alle Managementposten in der Hierarchie betroffen.
- **Verstehen Sie Six Sigma als kontinuierliche Verbesserung**. Eines der Prinzipien der Methode ist, kontinuierlich zu arbeiten und beständig nach einem qualitativ hochwertigen Prozess zu streben – und nicht nur im Falle eines Ineffizienz-Problems ein Six-Sigma-Team zu bilden.

- **Nehmen Sie das Projekt aus Sicht der aktiven Akteure wahr**. Damit die Six-Sigma-Methode funktioniert, muss die Geschäftsführung selbst mit Hand anlegen und sich im wahrsten Sinne des Wortes als Mitarbeiter des Unternehmens sehen. Die Führungsebene ist sich bewusst, dass die Unternehmenskultur ein wichtiges Element in der Unternehmensführung ist. Eine der Stärken von Six Sigma ist die proaktive Haltung auf allen Hierarchieebenen.
- **Machen Sie sich die Veränderungen in der Unternehmensführung bewusst**. Werden die Veränderungen auf Strategieebene nicht gut gehandhabt, bleiben die potenziellen Ergebnisse gering.

ERGÄNZUNGEN UND VERWANDTE MODELLE

Lean Six Sigma (LSS)

Lean Six Sigma (LSS) ist eine Erweiterung der Six-Sigma-Methode, die immer mehr an Bedeutung gewinnt. Es ist vor allem auf den Produktionsprozess ausgerichtet, während sich Six Sigma auf das Produkt als solches konzentriert. Mit diesem Ergänzungsmodell lassen sich bei der Einführung effizienterer Prozesse Arbeitszeiten einsparen und Wartezeiten verringern.

Die Strategieziele des LLS sind:

- den Mehrwert der Aufgaben eines Prozesses zu erhöhen
- Dauer und Kosten des Prozesses zu verringern, indem Aktivitäten ohne Mehrwert eliminiert werden
- den Prozessfluss zu verbessern
- die Produktqualität je nach Kundenbedürfnissen zu verbessern
- die Entwicklung einer Unternehmenskultur der kontinuierlichen Verbesserung zu unterstützen

Die hauptsächlichen Wirkungsfelder sind:

- Definition von Wert und Festlegung von Schritten der Wertschöpfung
- Aufdeckung und Eliminierung von Verschwendung und versteckten Kosten
- Kontrolle über die Ursachen von Abweichungen, indem die verschiedenen Schritte des Prozesses befolgt werden

Total-Quality-Management (TQM)

Das Total-Quality-Management (TQM) ist eine Methode im Qualitätsmanagement, die älter als Six Sigma ist. Gemeinsames Ziel ist die Mobilisierung des gesamten Unternehmens, um so perfekte Qualität zu erreichen, Verschwendung zu reduzieren und die Leistung des fertigen Produkts zu verbessern. Das TQM legt den Fokus auf den Kunden – Zufriedenheit und Treue –, während gleichzeitig Kontrolle und Selbstkontrolle von Qualität eine zentrale Rolle spielen.

Dazu wird häufig der **Demingkreis (PDCA-Zyklus)** angewandt:

- *Plan*. Ausarbeitung der Strategieziele und Zeitplan für die Projektetappen
- *Do*. Umsetzung und Anwendung der Verbesserungsprozesse in der Produktion
- *Check*. Analyse der Zufriedenheit und Qualitätskontrolle des Produkts
- *Act*. Anpassung von Kosten und Verschwendung, sowie Kontrolle der Produktionsschritte

Laut dem amerikanischen Projektmanager Frank Anbari ist die Six-Sigma-Methode vollständiger und umfassender als das TQM, weil sie zusätzlich Finanzergebnisse liefert und ausgefeilte Analyseinstrumente mit Managementmethoden kombiniert. Er fasst die Beziehung zwischen den beiden Methoden so zusammen: Six Sigma = TQM + Kundenfokus + Instrumente für die Analyse ergänzender Daten + Finanzergebnisse + Projektmanagement.

DIE SIX-SIGMA-METHODE IN DER PRAXIS

Im Folgenden wird die oben beschriebene DMAIC-Methode angewandt, um ihren konkreten Nutzen für ein Unternehmen zu veranschaulichen. Möchte ein Unternehmen eine strategische Veränderung wie Six Sigma angehen, muss es die folgenden fünf Schritte als Grundlage miteinbinden:

- **Ziel der Verbesserung definieren**: Dieser Schritt gibt dem Team eine Richtung vor, damit alle Beteiligten an einem Strang ziehen. Außerdem vereinfacht er die Analyse der Verbindung(en) zwischen den verschiedenen Prozessschritten und dadurch letztendlich Produktverbesserung, Identifizierung der Kundenbedürfnisse und Abschätzung der erwarteten Ergebnisse. Es ist wichtig, das Projekt objektiv zu definieren, indem es mittels einer Datengrundlage quantifiziert wird. Die Phase der Datenerhebung ist essentiell, weil sie den Grundstein für das gesamte Projekt legt.

- **Den aktuellen Produktionsdurchschnitt ermitteln**: Die Ermittlung dessen, was der analysierte Prozess leisten kann und wie viele Fehler er beinhaltet, ist unerlässlich. So erkennen die *Black Belts* die Häufigkeit, mit der Fehler auftreten, und können das Ergebnis mit der Konkurrenz vergleichen. Es ist wichtig, sich hierbei auf die Schlüsselelemente des Prozesses zu konzentrieren, die sich am stärksten auf die Qualität auswirken. Dieser Schritt ermöglicht die Berechnung von Sigma, der Standardabweichung des Prozesses. So kann der Abstand zwischen tatsächlichem Mittelwert und dem anvisierten Ziel, dem idealen Mittelwert, dargestellt werden.
- **Analyse vertiefen, um Ursachen für den Abstand zu finden**: Die erhaltenen Werte werden analysiert, um die Prozessleistung im Vergleich zu Potenzial und Konkurrenz zu bewerten. Sinn und Zweck dieses Schritts ist die Berechnung der Leistungsunterschiede zwischen dem, was heute getan wird, und

dem, was möglich ist. Es müssen also die gemessenen Werte analysiert, die Ursachen ermittelt und bestätigt werden etc.

- **Verbessern, um die Standardabweichung auszugleichen und den Mittelwert zu verschieben**: Bei diesem Schritt werden mögliche Lösungen vorgeschlagen, die Schwachstellen des Prozesses beheben und besser auf Kundenerwartungen eingehen sollen.

- **Neue Leistungen auf Qualität prüfen**: Bei diesem letzten Schritt wird ein letztes Mal überprüft, dass das Qualitätsniveau gehalten wird und dass sich der Prozess leistungsstark und kontinuierlich entwickelt. Dazu setzen die *Black Belts* bestimmte Maßnahmen um, die dafür sorgen, dass die neu in den Workflow integrierten Schlüsselelemente bestehen bleiben. Sie müssen außerdem überprüfen, ob alle Teams die Prozesse einhalten, ihre Ergebnisse messen und den Erfolg des Plans bestätigen. Wenn ein neues Problem auftritt, müssen die *Black Belts* und ihre Teams darauf reagieren können und sofort den Prozess anpassen.

- Kurz gefasst müssen also das Projekt definiert, die momentane Leistung gemessen, die Probleme mithilfe einer Analyse ermittelt,

Verbesserungen durch passende Lösungen ein-
geführt und der angepasste Prozess überprüft
werden, um sicherzustellen, dass das Problem
auch wirklich behoben wurde.

Laut dem amerikanischen Ökonom Georges
Eckes sollten für die korrekte Ausführung
der strategischen Qualitätsveränderungen
und die effiziente Prozessverwaltung die
folgenden acht praktischen Schritte befolgt
werden:

- eine gemeinsame Vereinbarung zu den
  Strategiezielen treffen
- allgemeine Prozesse, wichtige Unterpro-
  zesse und Umsetzungsprozesse entwickeln
- die Black Belts der einzelnen Prozesse
  ernennen
- einen Plan erstellen, auf dem die verschiedenen Teams Schritte und Ziele im Verlauf
  des Prozesses definieren
- die für den entsprechenden Plan notwendigen Daten erheben

- Auswahlkriterien für Projekte festlegen
- mithilfe dieser Kriterien Projekte auswählen
- den Prozess fortwährend überwachen, damit die Strategieziele des Unternehmens erfüllt werden

Das Projekt der Gesellschaft X besteht in der Verbesserung eines Entscheidungshilfsmittels (Datenbank) für Verkäufer, damit diese zukünftige Verkäufe besser abschätzen können.

Definition von Projekt und Akteuren

Die Entscheidung für dieses Projekt wird gefällt, weil viele Verkäufer mit der bisherigen Datenbank unzufrieden sind. Diese wird aufgrund unzureichender Aktualisierung als nicht zuverlässig empfunden. Das Tool ermöglicht es also nicht, zukünftige Verkäufe richtig vorauszusehen.

Anschließend werden zahlreiche Gespräche und Untersuchungen geführt, damit einerseits das Projekt definiert und andererseits die Hauptakteure benannt werden können:

- Der Hauptfokus wird auf die Identifikation der Probleme und des notwendigen Prozesses für die Verbesserung des Entscheidungshilfsmittels gelegt. In diesem Fall müssen zuverlässige Mittel gefunden werden, mit denen die zukünftige Finanzlage vorausgesehen werden kann.

- Mit der Methode der „Stakeholderanalyse" wird anschließend eine Matrix aufgestellt, die die verschiedenen Akteure und/oder Abteilungen positioniert: Finanzabteilung, Vertrieb, IT. Diese Matrix ordnet in einer Tabelle die beteiligten Parteien (Stakeholder) aufsteigend nach Macht und Interessen an und definiert so deren Einstellung, Einfluss und Bedeutung in Bezug auf das zu erreichende Ziel.

Tabelle der Stakeholderanalyse

Damit das Projekt ein Erfolg wird, müssen zudem einige Abteilungen – vor allem die IT – noch vom Nutzen des Vorgehens überzeugt werden.

Messung und Analyse der Prozesseignung

Bevor ein neuer Prozess definiert werden kann, muss sich das Team die Datenbank vornehmen und die dort gegebenen Informationen und Schritte auflisten. Danach wird der potenzielle Mehrwert eines idealen Tools untersucht. Mit anderen Worten muss pro Produkt, Produktlinie, Verkaufsdatum etc. je eine Analyse erstellt werden, um so Schwachstellen auszumachen und die Datenqualität zu verbessern.

Intern müssen dann repräsentative Informationen (Verkäufe, Bestand, Produktqualität etc.) des Prozesses gesammelt werden, durch deren Auswertung die Datenqualität verbessert werden kann. Das Projektteam entnimmt 100 Datensätze, um diese zu analysieren und mit den Vertriebsteams zu prüfen, welche davon definitiv zuverlässig sind.

Das Team legt ein repräsentatives Panel für die lokale Bevölkerung fest, um so die Gegebenheiten in der Realität zu untersuchen. Über mehrere Tage arbeiten die *Black Belts* mit den Vertriebsteams zusammen, um die Daten manuell zu überprüfen und sie mit den festgelegten Faktoren zu vergleichen. Es wird schnell deutlich, dass einige Daten fehlen, während andere doppelt vorhanden oder falsch sind.

Anschließend bestimmt das Team sowohl die momentane Leistung als auch die zu erwartende Leistung, die mithilfe der neuen Six-Sigma-Methoden angestrebt wird. Konkret möchte es eine Verbesserung von 1,5 Sigma erreichen und so von 4,5 Sigma zu 6 Sigma gelangen.

Verhalten nach der Verschiebung um 1,5 σ

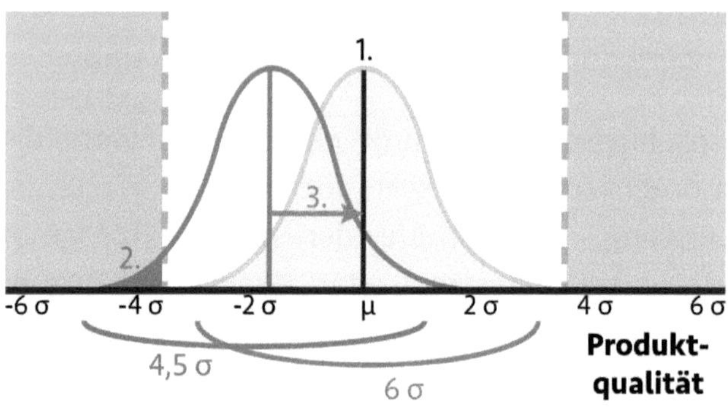

Der Wechsel von 4,5 auf 6 Sigma führt zu einer beachtlichen Reduzierung der Fehlerquote. Es wird schließlich eine Zuverlässigkeitsrate von 99,99 % erreicht, besagte Fehlerquote von 3,4 Fehlern pro Million.

Entwicklung der Fehlerquote nach Six-Sigma-Levels

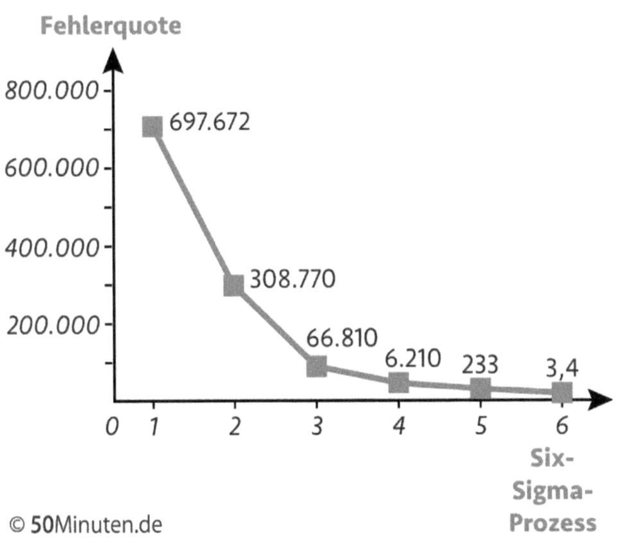

Nach der Untersuchung der Daten beheben die Experten den Fehler, der die Datenqualität am stärksten beeinflusste, nämlich die unsachgemäße Nutzung des Tools durch die Verkäufer. Diese hat verschiedene Ursachen:

- Zu viele Personen können Informationen eintragen, ohne dass Verantwortlichkeiten festgelegt wurden.

- Viele sind desinteressiert und geben die Daten falsch ein.

Die recht komplexe Datengrundlage leidet unter häufigen Bedienerwechsel und der ungenauen Anwendung des Tools durch ungeschulte Verkäufer. Das Team untersucht im Folgenden Fehlerquellen und -möglichkeiten:

- Personen, die die Dateneingabe nicht richtig beherrschen
- falsch eingegebene Daten

Empfehlungen

Es werden zwei Lösungen vorgeschlagen:

- Die Datenbank wird nur während festgelegter Sitzungen einem definierten Nutzerkreis zugänglich gemacht.
- Manche Felder werden als Pflichtfelder angelegt.

Für die Umsetzung dieser Empfehlungen ist es notwendig, die Teams neu auszurichten: Nur das Vertriebsteam hat Zugang zur Datenbank, während das IT-Team die Felder festlegt, die verpflichtend von den Anwendern (Verkäufern) ausgefüllt werden müssen. Das IT-Team stellt die verlangten Tools schnell zur Verfügung, das Vertriebsteam hat jedoch einige Vorbehalte. Der Manager des IT-Teams schlägt daraufhin ein Anreizsystem als (zweimonatigen) Test vor, in dem der beste Verkäufer ermittelt wird. Derjenige, der seine Daten am besten einträgt, bekommt einen Bonus.

Kontrolle des neuen Prozesses

Im Anschluss an den Test werden Maßnahmen ergriffen, mit denen die Zuverlässigkeit der neuen Dateneingabe überprüft werden soll. Dazu gehören zahlreiche statistische Methoden (wie die Ermittlung des Mittelwerts und der Standardabweichung). Dieser letzte, sehr wichtige Schritt wird aus Zeitmangel oft vernachlässigt, was einen guten Projektstart schnell wieder zunichtemachen kann.

ZUSAMMENGEFASST

- Die Six-Sigma-Methode ist ein statistischer Ansatz für Unternehmen. Sie stellt die Kunden (wieder) in den Mittelpunkt. Ziel ist, die Kunden mit einer Verbesserung der Produktqualität wieder neu zu überzeugen.
- Der Fokus wird auf drei Bereiche gelegt: Kunden, Angestellte bzw. Prozesse.
- Seit 30 Jahren verwenden Unternehmen wie *Motorola*, *General Electric*, *Kodak* und *BMW* die Six-Sigma-Methode, um sich zu verbessern und einen Wettbewerbsvorteil zu schaffen bzw. zu halten.
- Wird das Six-Sigma-Ziel erreicht (was in der Praxis quasi nie vorkommt), besteht eine nahezu perfekte Zuverlässigkeitsrate: 3,4 Fehler pro Million Fehlermöglichkeiten (also eine Zuverlässigkeit von 99,99 %).
- Die Six-Sigma-Philosophie fordert eine kontinuierliche Hinterfragung ohne zeitliche Begrenzung (stetiges Streben nach Perfektion).
- Jede Hierarchieebene muss sich einbringen, damit die Einführung der Methode funktionieren kann.

- Six Sigma kann scheitern, wenn ausschließlich
  der technische Aspekt berücksichtig wird
  (Kostensenkung etc.)
- Wird die Veränderung im Unternehmen nicht
  konsequent gemanagt, kann das Potenzial der
  Veränderung nicht voll ausgeschöpft werden.
- Lean Six Sigma ist eine Erweiterung der Methode,
  die vor allem auf Produktionsprozesse ausgerichtet ist.
- Soll der Erfolg des Vorgehens garantiert werden, müssen die Schritte des DMAIC genau
  eingehalten werden.

Ihre Meinung ist uns wichtig!
Hinterlassen Sie doch einen Kommentar auf der
Seite unserer Online-Buchhandlung
und teilen Sie Ihre Favoriten in den sozialen
Netzwerken!

DARÜBER HINAUS

LITERATURVERZEICHNIS

- Ait Belkacem, El Hadi: *Puissance Six Sigma.* Dunod: Paris 2005.

- Atmaca, Ediz; Gineres, Sule S.: „Lean Six Sigma Methodology and Application". In: *Quality & Quantity* 47 (4) 2013.

- Berger, Aline: „Six Sigma: un échelon en plus de la productivité?" In: *Dossier technique des pays de Savoie.* J-Tec. 2002.

- Eckes, George: *Objectif Six Sigma. La révolution dans la qualité.* Pearson – Village Mondial: Paris 2001.

- Kwak, Young Hoon; Anbari, Frank T.: „Benefits, Obstacles, and Future of Six Sigma Approach". In: *Technovation* 6 (5-6) (2006).

- Larson, Alan: *Demystifying Six Sigma. A Company-Wide Approach to Continuous Improvement.* American Management Association: Amacon 2003.

- Linderman, Kevin et al.: „Six Sigma. A Goal-Theoretic Perspective". In: *Journal of Operation Management* 21(2) (2003).

- Pande, Peter S.; Neuman, Robert P.; Cavanagh, Roland R.: *The Six Sigma Way. How GE, MOTOROLA, and other top companies are honing their performance*. McGraw-Hill Companies: New York 2000.

- Truscott, William T.: *Six Sigma. Continual Improvement for Business*. Butterworth Heinemann: Oxford 2003.

WEITERFÜHRENDE LITERATUR

- Töpfer, Armin (Hrsg.): *Lean Six Sigma. Erfolgreiche Kombination von Lean Management, Six Sigma und Design for Six Sigma*. Springer Verlag: Berlin/ Heidelberg 2009.

- Toutenburg, Helge; Knöfel, Philipp: *Six Sigma. Methoden und Statistik für die Praxis*. 2., verb. und erw. Aufl. Springer Verlag: Berlin/Heidelberg 2009.

ISBN digitale Ausgabe: 9782808008815

ISBN gedruckte Ausgabe: 9782808009065

Pflichtexemplar: D/2018/12603/209

Cover: © Plurilingua

Digitale Aufbereitung: Primento, der digitale Partner der Herausgeber